Great East Gate.

東大手門
雄大なスケールの櫓門で、いかにも二條城の正門らし
く、堂々たる構えを見せている。この門は二條城の創
建時につくられたもので、現在ももとの形をよく残し
ている。門中央間の内法の高さは約五メートルある。

◀ 二の丸庭園と御殿
二の丸御殿と庭園を西南から見た航空写真。建物は右
から、遠侍・式台・大広間・黒書院・白書院で、雁行
形に配置されている様子がよくわかる。建物の屋根は
瓦葺きだが、創建当初はすべて杮葺きであった。左下
に見えるのは内濠で、その横に桃山門が建っている。

二の丸庭園と御殿　Aerial view of the Ninomaru Palace and gardens.

Kara Mon (inner gate to the Ninomaru Palace).

唐門
切妻造の屋根の正面と背面に唐破風がとりつけられて
いる。この門の雄大な規模と、彫刻や飾金物でうめつ
くされた豪華な装飾は、桃山時代の雰囲気を今に伝え
ている。

Carriage Porch and Tōzamurai (First Buildings).

遠侍　勅使の間　上段

勅使の間は遠侍の主室で、将軍が朝廷からの使者を迎える対面所として使われた。部屋は上・下二段に分かれている。図は上段の間で、正面に床と違棚、右手に帳台構、左手に腰障子が見える。障壁画は美しい花鳥画で、金地にかえでの緑が映えている。

◀ Tōzamurai: Imperial Messenger's Chamber.

二の丸御殿　車寄せと遠侍

唐門を入ると、正面に、豪華に装飾された車寄せと、遠侍の大きな妻飾りが目に入る。遠侍は二條城の建物のなかでも最大の規模をもつもので、威圧感をもってわれわれに迫ってくる。城中に入った大名たちも、おそらく同じような印象を受けたことだろう。

遠侍　虎の二の間から見た三
の間と柳の間

これら三つの部屋は広さが三
十六畳、四十畳、二十四畳と
いずれも小さいが、境の襖を
とりはずすと百畳の大広間に
なる。そのため各室の天井は
ぶち抜きになっている。二の
間と三の間の障壁画は一の間
と同じ竹林群虎図で、虎の描
写には素朴な力強さがうかが
われる。

Tōzamurai: Third Chamber
and Willow Room, viewed
from the Second Chamber.

遠侍　南入側から見た柳の間と
若松の間

柳の間の障壁画は、柳を主題に
バラの花が配されて独特の美し
さをつくりだしている。遠侍三
室の虎の図を見たあとでこの部
屋に入ると、優美な画面に安ら
ぎを感じる。若松の間では、天
井全体を一つの画面として、い
くつものぶどうが濃彩でみごと
に描き出されている。

Tōzamurai: Willow Room and Young Pine Room, viewed from south gallery.

車寄せ　正面中央　欄間彫刻

車寄せの欄間彫刻は、昭和33年に極彩色がすべて復元され、二條城建立当時の華麗さをしのばせてくれる。図は五羽の鸞鳥（中国の想像上の鳥）に、松と牡丹、雲と笹をあしらったものである。

Carriage Porch: wood carving.

車寄せ　正面東側　欄間彫刻

車寄せの欄間彫刻はいずれも両面彫りで、表と裏の意匠をかえている。鳥に松と梅を主題とし、それに雲と笹を配したこの欄間彫刻の裏側には、松と梅の幹が大きく扱われている。

Carriage Porch: wood carving.

式台 式台の間 松図

式台の間では、北側の壁面いっぱいに、二本の松の樹が描かれている。広いスペースを十分に生かした画面構成がみごとである。絵具の剥落がはげしく、のちに補修されている。技法的に大広間の松図と共通する点が多く、筆者は狩野探幽とされている。

式台 南入側から見た式台の間

式台の間は、大名たちの将軍に対する用件や献上品の取りつぎをするところで、広さは四十五畳ある。障壁画の主題は上図の松の樹である。なお、入側の格天井と小壁の絵は、明治時代になってから制作されたもので、当初は別の絵が描かれていた。

Shikidai: view from the south gallery into the Antechamber.

10

Shikidai (Second Building): Antechamber; painting of pine trees.

式台　老中一の間西側杉戸　蘆雁図
老中一の間の杉戸絵には、水辺に茂
る蘆の草むらに一群の雁が舞いおり
るさまが描かれている。図はそのう
ちの一羽で、身をよじらせて向きを
変えようとする一瞬の動きが、的確
な筆づかいで巧みにとらえられてい
る。

Shikidai: First Chamber of Elders;
painting of a wild goose.

Shikidai: view of Elders' Chambers from north gallery.

Shikidai: Second Chamber of Elders; painting of wild geese and ricefield (detail).

▲ 式台　北入側から見た老中の間
老中の間は、式台の間のすぐ北側に壁を接して
あり、三つの間に分かれている。部屋の意匠は
簡素で、長押の上も白壁のままである。図の手
前より、三の間、二の間、一の間。

式台　老中二の間　南側壁貼付　田圃落雁図
老中一、二の間の障壁画には、蘆の茂る水辺に
雁の群を配した蘆雁図が描かれている。一の間
が春と夏の光景であるのに対し、二の間ではり
んどうが咲き、背後に刈入れあとの田が広がる
秋の景色が表わされている。柔らかみのある描
き方とうるおいのある色彩がすばらしい。

式台　老中三の間
南側壁貼付　雪中柳鷺図

老中三の間の障壁画は、二の丸御殿の障壁画のなかでももっとも優れた作品の一つである。老中一、二の間の季節につづく冬景色で、雪をかむる柳の巨木にさまざまな鷺の姿が配されている。一、二の間とは筆者が異なるといわれている。

　　　　　　　Shikidai: Third Chamber of Elders; painting of herons in a snowy willow tree (detail).

Ōhiroma (Great Hall): First Chamber.

大広間　一の間（上図と左図）

一の間（上段の間）は、二條城内の中心ともいうべき部屋で、ここで将軍は大名たちと公式の対面を行なった。そのため室内の装飾も豪華である。正面に床の間と違棚、右手に帳台構、左手に付書院がもうけられている。天井は二重折上格天井で、二重になったところが将軍の座である。左図は、上段の間に坐る将軍がこの間に平伏している大名たちに面会する様子を人形で表わしたものである。

Ōhiroma: An audience scene of the shogun, represented by dolls.

Ōhiroma: Fourth Chamber.

◀ 大広間　四の間　南側襖絵　松鷹図(まつたかず)
　四の間は、松の巨木に鷹や鷲などの猛禽類を配した障壁画で飾られている。図では、松の枝に鋭い爪をたてた大鷹が、獲物を求めてあたりをうかがっている。背後の雲間にほとばしる滝の水が、この光景の緊張感をさらに高めている。筆者は狩野探幽とされている。

大広間　四の間
　四の間は、警護の武士が控えていたところから槍の間(やりのま)とも呼ばれ、それにふさわしい勇壮な図様の障壁画が描かれている。図の正面、襖絵の上方には豪華な欄間(らんま)彫刻が見られる。

大広間　四の間　南側襖絵　松鷹図　Ōhiroma: Fourth Chamber; painting of a hawk on a pine tree (detail).

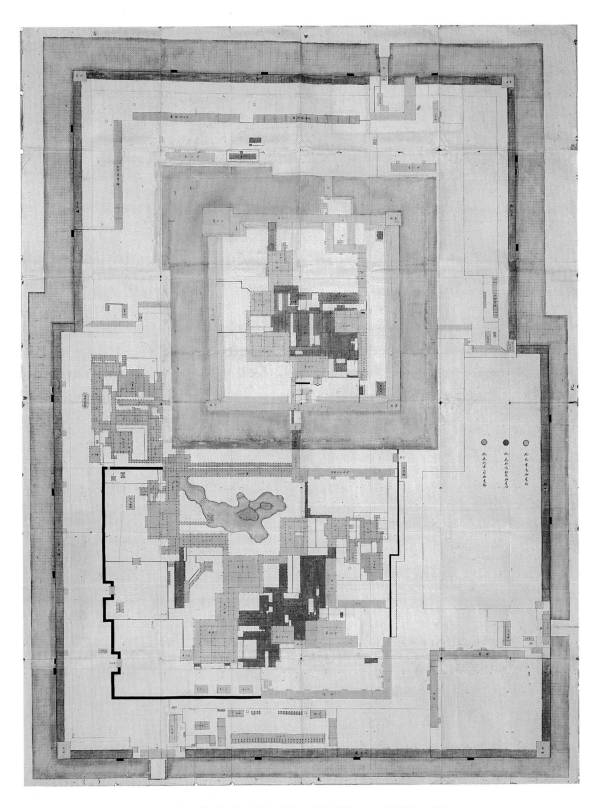

行幸御殿其外御建物幷当時御有形御建物共　二條御城中絵図
（寛永三年行幸時の二條城の規模と施設内容を示す指図）　京都大学付属図書館蔵

Plan of the site and buildings of the Nijo Castle at the time of Imperial visit in 1626.

18

二条城の歴史と障壁画

美術史家　土居　次義

毎年多くの観光客が訪れる二条城は、慶長七、八年（一六〇二―一六〇三）に徳川家康が造築したのが最初であります。家康は、それに先立つ慶長五年（一六〇〇）の関ヶ原の戦で勝利をおさめて天下の実権を握ると、はやくも翌六年（一六〇一）から二条城造築の準備をはじめ、翌七年五月から着手しました。その城域は、現在の二の丸を中心とする区域であって、現在本丸のある西の方はまだできていなかったのであります。二条城の規模を拡大して現在の本丸のある区域がつくられたのは、寛永になってからです。家康は、周知のように、慶長八年（一六〇三）二月に征夷大将軍に任ぜられて、名実ともに幕府の首長となりました。その月の二十一日に新造の二条城に入って、二十五日その拝賀の礼を行なっています。このことから、当城の諸設備はそのころ、或る程度できていたと思われます。しかし造営はその後も継続されて、次第に規模が整えられていったようです。本丸拡張以前、すなわち慶長、元和のころの二条城の外観は、当時の京都内外の景観を描いた洛中洛外図屏風（例・高岡市勝興寺蔵の屏風）によってうかがえますが、それには五層の天守閣、立派な殿舎、庭園なども表わされています。徳川氏は、このような二条城を京都へ来たときの宿泊や諸行事を行なう際の場所として利用しましたが、根本的には将軍家の威勢を天下に示すための

関西における一拠点としたのでありましょう。しかも、慶長十九年（一六一四）十一月の大坂冬の陣、元和元年（一六一五）五月の大坂夏の陣のときには、徳川氏は二条城で策戦を練ったし、大坂落城後、家康は当城に凱旋しております。このように二条城は軍事的にも重要な役割を果したのであります。

ところで、二条城では、寛永年代に入ると、画期的な大工事が行なわれることになります。すなわち、徳川氏は、寛永三年（一六二六）九月に後水尾天皇の行幸を当城に仰ぐこととなったために、当城の拡張並びに諸建築の新造、改築などを大々的に着手したので　す。この天皇の行幸を迎えることとしたのは、さきに豊臣秀吉が後陽成天皇の行幸を聚楽第に迎えた例などにならったわけであって、幕府の威勢と実力を発揚し、あわせて公武和合の政策を天下に示すためのものでありました。そこで幕府は寛永元年（一六二四）から同三年（一六二六）にかけて大工事を行ないました。すなわち、それまでの城域を拡張して現在の本丸のある地域をつくり、その本丸内に立派な殿舎を新築するとともに西南隅に天守を建てました。その天守は伏見城から移したものとする説があります。そして、二の丸にあった天守を淀城に移しました。このように二条城は新たに本丸ができて大いに面目を一新しましたが、工事はそれだけではなく、二の丸の中に天皇を迎える行幸御殿を新築しております。　行幸御殿が建てられた位置は、今日ひろい芝生になっている二の丸庭園の池の南です。この行幸御殿の造営奉行には有名な小堀遠州（遠江守政一）が任ぜられました。竣工した御殿は非常に立派なものでしたが、北にある庭園の石組のうち、南部にあるものの

19

向きを南面させて、行幸御殿よりの鑑賞に堪えるよう変更を加えたりしました。

寛永度の大工事は、さらに二の丸殿舎についても行なわれました。

近年までは、この殿舎は、慶長造営の建物が残ったもので、寛永には補修したり障壁画などの装飾を新たに取り替えたのだと見られていたのですが、最近の研究によると、現在の二の丸殿舎は、一部に慶長年代の部分が補修されて残っているかも知れないが、総体的には、寛永二、三年に新たに造建されたものと解されるという説が有力のようであります。とにかく二の丸殿舎も、寛永年代に入ると面目がすっかり新たになったのであります。そして後水尾天皇は、寛永三年（一六二六）九月六日に二条城に行幸になりました。それより先、将軍家光、前将軍秀忠はすでに上洛していて、秀忠は本丸、家光は二の丸に分宿して天皇を迎えました。天皇は、九月十日までの五日間滞在されたが、その間さまざまの催しがあり、天皇は本丸の天守にも登られました。このような二条城行幸は、当時の人びとの耳目を集め、将軍家の威勢を天下に誇示するのに大きな効果を収めましたが、二条城は、このころを最盛時として、年代の下降につ

れて次第に寂しくなってゆきました。というのは、幕府は、二条城を拡大整備したものの、それを完全に維持することの困難を感じたとみえ、重要建築をのぞいて漸次諸建築の撤去、移建の方策をとったからです。その上、不慮の災害で焼失した重要建築もありました。例えば、本丸の天守は寛延三年（一七五〇）に雷火のため本丸殿舎その他が類焼してしまいました。その結果、本丸内は昔日の姿をすっかり失うこととなったのです。その後、時世は急速に変化してゆき、遂に将軍徳川慶喜は、皮肉にもこの二条城において太政奉還の決意をして朝廷に上表したのであります。

明治元年（一八六八）二条城は朝廷に帰したので、太政官代が城内に置かれたが、同四年（一八七一）には京都府の所管となって府庁がここに移されました。その後、所管が陸軍省に変ったけれども、府庁はそのまま置かれていましたが、明治十七年（一八八四）に所管が宮内省に移って、離宮となり、二条離宮と改称されました。そして明治二六、七年（一八九三─一八九四）に京都御所内の旧桂宮御殿（弘化四年造建）が城内本丸に移建されました。それが今日の本丸御殿であります。その後、明治三十年代から大正初年にかけて城内の建築のいくつかが撤去されました。また大正四年（一九一

五）十一月には京都御所で大正天皇の即位式が挙行された際に二条離宮二の丸北部に大饗宴場が設けられたこともありました。そして昭和十四年（一九三九）になって、二条離宮は世伝御料から解除されて京都市に下賜され、以後恩賜元離宮二条城と改称されました。

そして昭和四十年には二の丸の北に清流園が新しく造られて京都市

洛中洛外図屏風　高岡市勝興寺蔵　*Sights in and around Kyoto*, Shoko-ji Temple, Takaoka City.

の迎賓用に利用されるに至っています。

ところで、現在当城では二の丸御殿の障壁画の模写事業が行なわれていますが、ここで、当城の障壁画についてしるしておきましょう。

障壁画は、襖、壁貼付、杉戸などに描かれた建築内部の装飾画を指すのでありまして、その歴史は非常に長いのですが、桃山時代は、大規模な城郭の発達と結びついてとくにさかんな制作が行なわれ、日本絵画史上障壁画の全盛期とよばれています。このような気運でしたから、創建時代の二条城二の丸殿舎も華やかな障壁画で飾られていたのに相違ありませんが、寛永初年の改築の際に取り払われて現存しないために、どのような絵で、誰が描いたかは明らかでありません。しかし慶長七、八年という年代から考えると、狩野光信（永徳の長子）あたりがもっとも重要な役割をつとめたのではなかったかと推定されます。

ところで、寛永三年（一六二六）後水尾天皇の行幸を迎えるに当って新築された本丸御殿や二の丸行幸御殿には、もちろん障壁画が描かれていました。それらの障壁画の制作に従ったのは、すべて狩野派の画家たちであって、特に代表的位置にあったのは、幕府の絵師の中の最大の画家とされた狩野探幽でした。彼は当時二十五歳でありましたが、その抜群の妙技を発揮して人びとをおどろかしたと伝えられます。しかし彼を中心にして弟尚信（当時二十歳）や探幽、尚信らの師の興以らが描いた本丸御殿の絵は、天明の大火の折に建物とともに焼失しました。また二の丸行幸御殿の障壁画は、探幽、尚信、興以らをはじめ計十一名の狩野派の画家によって描かれ、それには狩野山楽も参加しています。しかし、この御殿は、寛永五年

（一六二九）に仙洞御所に移され、建物、絵どちらも今は残っていないことは惜しまれます。しかし二の丸殿舎すなわち遠侍、式台、大広間、黒書院、白書院等の諸建築の障壁画が残っていまして、当城の寛永初期の盛観を伝えていることは幸いとしなくてはなりません。それらの障壁画には部分的に後世の補修のあとが認められますし、ごく一部のものは、寛永初期より年代が降ると思われますが、ほとんどは寛永行幸に当って新たに描かれたもので、寛永三年（一六二六）に完成されたものとみられます。それらのうち、白書院をのぞく諸殿舎の諸室の障壁画は、すべて金箔と濃い彩色とを用いたいわゆる金碧画であって、桃山時代に盛行した様式の遺風をゆたかに伝えていまして、豪華な装飾美をあざやかに示しております。それらのうち、遠侍の三室には勇猛な虎豹が竹林の中で遊ぶ姿が描かれていますが、大部分は花鳥画に属する題材が扱われて華麗さを誇っています。そして式台、大広間などには巨大な老松を中心とした豪華な障壁画とは異なった特色をみせています。なお白書院の障壁画は、構図の雄大を示しています。諸図があって、同書院が将軍の居室として用いられることを考えて静かな雰囲気を漂わす淡彩の山水図を中心として描くもので、遠侍以下他の諸室の豪華な障壁画とは異なった特色をみせています。これらの各殿舎の周囲入側の各所に著名な杉戸絵が立てられ、その中には黒書院のぬれ鷺図のような有名な作品も見出されます。

これらの二の丸殿舎の障壁画は、すべて当時の狩野派の画家たちの筆に成りますが、各殿舎の絵の担当者については、二条城古図の一枚に貼られた付箋によりますと、遠侍は道味、真節（真設のこと）というのがそのように改称されたからであります。

信）、白書院は興意（興以）と伝えられています。もっとも、あれだけ大量の障壁画面ですから、おそらく以上の画家たちが責任者となって多くの助手を使用して制作に当ったのでしょう。彼らのうち、探幽、尚信、興以、真設らは、江戸初期の狩野派を代表する画家たちでありまして、行幸御殿の障壁画にも筆を揮い、とくに探幽、尚信、興以の三人は、本丸殿舎にも描いたと伝えられております。真設は、永徳の弟宗秀の子息の甚丞であって、やはり当代画壇の名門出のひとりでした。したがって、彼は、探幽、尚信、興以らとともに責任のある立場で二の丸殿舎の障壁画制作に参加したものと思われます。

ところで、二条城の本丸御殿にも多くの障壁画があります。それらは、江戸末期（弘化四年）の制作であって、筆者としては当時の京都画壇の人たちの名が伝えられています。その中には狩野永岳、中島来章、長野祐親、八木奇峰、円山応立、田村挙秀、岸竹堂、原在照、長沢芦洲その他の名があり、一部に復古大和絵派の大家として有名な冷泉為恭筆とされている絵も見出されます。これらの障壁画のある本丸御殿は、平生は公開されていませんが、特別公開の機会に観賞されるとよいと思います。

なお二条城の歴史、建築、障壁画、庭園等について詳しいことを知りたい方は、去る昭和四十九年に出版された図録『元離宮二条城』（小学館発行）を見られたいと思います。同図録にはそれぞれの領域の専門学者の詳細な解説が収録されています。ちなみにこの図録の表題が「元離宮二条城」になっているのは、昭和三十九年から「恩賜元離宮二条城」

宮二条城」大広間、蘇鉄の間は采女（探幽）、黒書院は主馬（尚の二人、式台、大広間、蘇鉄の間は采女（探幽）、黒書院は主馬（尚

遠侍　二の間　竹虎図　　Tōzamurai: Second Chamber; painting of tigers.

All of the paintings within the buildings of the Ninomaru Palace were done by painters of the Kano school. According to a list attached to an old plan of the Nijo Castle, the Tōzamurai was the work of Domi and Shinsetsu; the Shikidai, the Ōhiroma, and the Sotetsu no Ma were by Uneme (Tannyu); the Kuro-shoin by Shume (Naonobu); and the Shiro-shoin by Koi. It is unlikely, however, that any single artists could have completed every work in the hall assigned to his; more likely, these painters were responsible for the major works and the general conception of each building and were assisted by a number of lesser painters. Tannyu, Naonobu, Koi, and Shinsetsu are representative Kano painters of the early Edo period, and they are also said to have worked on the Nijo Imperial Quarters and, excepting Shinsetsu, on the Hommaru Palace as well. Shinsetsu was the eldest son of Eitoku's younger brother, Soshu, and thus in close company with the foremost painters of his time. It is logical to assume, therefore, that he too assisted with the paintings of the Hommaru Palace and Imperial Quarters, although he is not specifically noted.

There are also many wall paintings in the present Nijo Hommaru Palace, previously Prince Katsura's palace. These were painted at the end of the Edo period, in 1847, and the names of the many guild painters of Kyoto of that time have been recorded. Among them, Kano Eigaku, Nakajima Raisho, Nakajima Kayo, Nagano Sukechika, Yagi Kiho, Maruyama Oryu, Tamura Kyoshu, Kishi Chikudo, Hara Zaisho, Nagasawa Roshu, and other names appear. One painting is said to be the work of the great revitalizer of the Japanese painting tradition, Reizei Tamechika. These paintings of the Hommaru Palace are not ordinarily on display, but can be seen on the occasion of special exhibitions.

In 1939, the Nijo Detached Palace was removed from the list of imperial holdings and donated to the city of Kyoto. The name was changed to the Imperial Gift Detached Nijo Palace. In 1965, the Seiryu Garden north of the Ninomaru Palace was constructed as a reception facility for the city of Kyoto.

THE WALL PAINTINGS

At present, the wall paintings of the Ninomaru Palace are being restored. These wall paintings include those painted on *fusuma* (sliding doors) or on cedar doors to the outside and others attached to the walls. This sort of painting has a very long history in Japan. As a genre it reached its peak during the Momoyama period, with the development of castles on a grand scale. The walls of the Nijo Ninomaru Castle were decorated with extravagant paintings that were a part of this development in Japanese art. Unfortunately, the original paintings in Nijo Castle were removed in the renovation of 1624-26, and both the artists and the nature of the paintings remain unclear. Nevertheless, considering the period, it is most probable that Kano Mitsunobu (Eitoku's eldest son) had a large hand in the creation of these works.

Of course wall paintings were commissioned to decorate the newly renovated Hommaru Palace and the Ninomaru Imperial Quarters for the visit of Emperor Gomizuno-o in 1626. Painters of the Kano school were called upon for this, and in particular the master painter of the *bakufu*, Kano Tannyu, played a large part. He was only twenty-five at the time, but he is known to have exhibited his genius at an early age. However, the paintings of Tannyu, his younger brother Naonobu, and their teacher Koi, all appearing in the Hommaru Palace, were destroyed along with the palace itself in the fire of 1788. The paintings of the Imperial Quarters are also the work of Tannyu, Naonobu, Koi, and about ten other Kano school painters, including Kano Sanraku. The palace was moved to the retired emperor's palace (Sento) in 1629, and neither the building nor the paintings survive.

It is indeed fortunate that the paintings of the Tōzamurai, the Shikidai, the Ōhiroma, the Kuro-shoin, and the Shiro-shoin buildings survive to transmit the glory of the paintings of the early Kan'ei period. Even those paintings reveal partial repair and overpainting of later periods, and only a very few can be regarded as having originated in the Kan'ei period; most date from the renovation for the imperial visit of 1626. Among them, all except the paintings of the Shiro-shoin exhibit heavy use of gilt and opulent colors, demonstrating the brilliance and luxury that characterize the Momoyama period. There is a series of paintings on the walls of three chambers of the Tōzamurai depicting ferocious tigers romping in a bamboo forest; but the great majority, which take birds and flowers for their themes, exhibit a more delicate beauty. In the Shikidai and the Ōhiroma there are paintings whose main subjects are massive, ancient pine trees; these reveal a vigorous sense of composition. The Shiro-shoin, which was probably the living quarters of the shogun, has a quieter atmosphere, with mountain and water scenes in restrained shades, offering a fine contrast to the bold brilliance of the other paintings. All of these buildings also have paintings on the cedar doors permitting entrance from the outside. Among these works we find such well-known paintings as the *Wet Heron*, found on the door of the Kuro-shoin.

new buildings, mainly quarters for the imperial party, were built within the Ninomaru complex. These Imperial Quarters were located south of the pond in Ninomaru Garden, an area now covered by lawn. The well-known Kobori Enshu was entrusted with the task of seeing to the construction of the Imperial Quarters. Nothing was spared in making them as magnificent as possible; even the stones in the southern sector of the Ninomaru Garden were turned to the south, to provide the emperor with the most pleasing view.

Nor did the great construction activity of this time leave the Ninomaru Palace itself untouched. Until recently, it was believed that the existing palace was the original structure built in 1602-3 and that any rebuilding was limited to repairs and new wall paintings. According to most recent research, however, although a small section of the palace may have been built in 1602-3 and then renovated for the imperial visit, the larger part of the structure was entirely rebuilt from 1624-26. At any rate, the appearance of the Ninomaru Palace was completely refurbished in the Kan'ei era for the imperial visit.

On September 6, 1626, Gomizuno-o made his visit to the Nijo grounds. The shogun Iemitsu and his predecessor Hidetada had already arrived in the capital and were residing in the Ninomaru Palace and the Central Keep, respectively. Together they received the imperial party, which resided at the castle for five days, during which time various ceremonies and entertainments were held, and the emperor is even said to have climbed to the top of the donjon of the Central Keep. This visit focused the attention of the nation on Nijo Castle, and more important, on the legitimacy of the shogunate.

After this moment of glory, Nijo Castle gradually began to fall into disuse. The effort and expense of maintaining this immense facility was soon felt by the shogunate, and many of the minor buildings was either taken down or moved to other locations. Further, lack of proper maintenance resulted in unchecked fires that destroyed some of the major buildings. The donjon of the Central Keep was struck by lightning and burned down in 1750, and in Kyoto's 1788 great fire the Central Keep and other buildings were reduced to ashes. As a result, the Central Keep compound completely lost its original form. From that time on, swift changes came to Japan, and ironically it was in Nijo Castle that the last shogun, Yoshinobu, decided upon the order to return sovereignty to the emperor.

In 1868, the first year of the Meiji era, Nijo Castle was returned to the imperial household, and imperial representatives were first stationed there; but in 1871 the site was transferred to the jurisdiction of the Kyoto civil authorities, and the city administration headquarters were set up there. Later, jurisdiction was given to the war department, but the Kyoto civil headquarters remained there as before. In 1884, jurisdiction was transferred to the imperial household department, and Nijo Castle became a detached palace. Accordingly, the name was changed officially to Nijo Detached Palace. In 1893-94, the old palace of Prince Katsura (constructed in 1847) was moved from the Kyoto Imperial Palace grounds to the Central Keep area of Nijo Castle. This is the present Hommaru Palace. Following this, in the period from the late 1890s to approximately 1912, several buildings on the grounds were dismantled. On the ascension of the Taisho emperor at the Kyoto Imperial Palace in November of 1915, a great reception was held in the northern section of the Ninomaru Palace.

THE HISTORY AND WALL PAINTINGS
OF NIJO CASTLE

Doi Tsuguyoshi

THE HISTORY

Nijo Castle, visited every year by thousands of tourists, was first constructed by
Tokugawa Ieyasu in the years 1602-3. Ieyasu rose to a position of supreme power
after his victory at the battle of Sekigahara in 1600. The following year he began
preparations for work at the Nijo site, and he initiated actual construction one
year later, in 1602. The castle grounds at that time were restricted to the present
site of the Ninomaru Palace. The Hommaru (Central Keep) area was not yet in-
corporated into the castle precincts. The expanded Nijo Castle, including the
Central Keep, was completed only in the Kan'ei era (1624-30).

Ieyasu officially received the title of shogun (barbarian-quelling generalissimo),
the highest post of the *bakufu* (military government), in February of 1603. On the
twenty-first of that month he took up residence in the newly constructed Nijo
Castle. The dedication ceremonies were held on the twenty-fifth, and the living
quarters were no doubt completed and furnished to some extent by that date.
Nevertheless, construction continued, and the scale of the structure continued to
grow. The external appearance of Nijo Castle before its enlargement and the ad-
dition of the Central Keep can be seen in depictions of the capital on folding
screens of the period (*Sights in and around Kyoto*, Shoko-ji Temple, Takaoka City,
p.21). In these scenes, the five-storied donjon, the magnificent palace, and the
gardens are all depicted.

The Tokugawas used the Nijo Castle as both their Kyoto residence and their
headquarters for official business. More important, perhaps, was the role of the
castle as a symbol of the power and authority of the shogunate in the Kansai
region. Furthermore, during the winter and summer sieges of Osaka Castle
(1614 and 1615, respectively), the *bakufu* held military strategy sessions at Nijo
Castle, and after the fall of Osaka Castle a victory celebration was held there.
Thus, Nijo Castle also had an important military function.

In the Kan'ei era the Nijo site was the scene of extensive construction on a
large scale. The purpose of the enlargement of the castle grounds, repairs, and
new construction was the visit of Emperor Gomizuno-o, scheduled for September
of 1626. The visit was to bolster the authority of the Tokugawas and the *bakufu*
with the prestige of the imperial family. Emperor Goyozei's reception by
Toyotomi Hideyoshi at the Jurakudai in 1588 served as a precedent for the occa-
sion—and one to be surpassed at whatever cost. In preparation for this public af-
firmation of the harmony of military and imperial power, the *bakufu* embarked on
a course of major construction from 1624 to 1626.

The castle precincts were enlarged to include the area now occupied by the
Central Keep, and there a magnificent palace was constructed, with a castle
tower in the southwest corner. The tower is said to have been transferred from
Fushimi Castle. The previously existing tower of the Ninomaru Palace was
moved to Yodo Castle to make room for its replacement. Thus the Central Keep
area was developed and Nijo Castle given an entirely new aspect. In addition,

◀ The Ninomaru Garden.

◀ 二の丸庭園　北部

二の丸庭園は桃山を代表する庭園で、大小さまざまな
庭石がつくる力強い景観は、時代の好みをよく反映し
ている。図は庭園の北部で、右手に黒書院が見える。

二の丸庭園と御殿

広い池の向こうに、左から大広間、式台、遠侍がのぞ
まれる。大形の石と色石を多用した庭園の石組は力感
にあふれ、豪壮な建物群とよく調和している。

黒書院　一の間　　黒書院は将軍が内向きの対面や政務を行なうところで、規模は大広間に劣るが、装飾は凝っている。
黒書院の障壁画には四季の情景が描かれているが、一の間では、松や桜に山鳥が配されて、早春の気分がただよう。

Kuro-shoin: First Chamber.

Kuro-shoin: Second Chamber; painting of pheasants beneath a flowering cherry trees.

黒書院　牡丹の間　紅梅図
金色をバックに一本の老梅が力強
く描き出されている。その金地が
画面の上方で金雲に変化する構成
が興味ぶかい。金雲と金地との間
には水辺が描かれていたらしいが、
いまは群青がはげ落ちてしまって
いる。

Kuro-shoin: Peony Room; painting of red plum blossoms (detail).

黒書院　二の間　東側襖絵　桜下雑子図

垣をめぐらした広い庭に八重桜が咲きほこり、その下ではつがいのキジが餌を
ついばんでいる。黒書院の障壁画のなかでも、とりわけ情趣豊かな場面である。

Kuro-shoin: painting of flower basket.

黒書院　南入側東端杉戸絵　花籠図

野菊、萩、桔梗、蜀葵などの花が清
らかな色調で描かれ、優雅な気品を
ただよわせている。緻密に表わされ
た花籠の編目は、胡粉を盛りあげた
上に金箔を押したものである。

Shiro-shoin: painting of hydrangeas.

Kuro-shoin: painting of a white heron.

白書院　東入側南寄杉戸絵　額紫陽花図
白書院の障壁画はほとんどが淡彩画であるが、周囲の入側には
められている杉戸には濃彩で花鳥画が描かれ、落ち着いた調子
の室内に華やかないろどりをそえている。図は、額紫陽花の美
しい姿を表わした杉戸の一部である。

黒書院　南入側東端杉戸絵　白鷺図
前ページの花籠図の裏面にある絵で、二の丸御殿の杉
戸絵のなかでも、濡れ鷺とよばれてもっとも有名な作
品である。画面の傷みはひどいが、鷺の生態が柔らか
な筆づかいでよくとらえられていることがわかる。

白書院　二の間から見た一の間
白書院は御座の間とも呼ばれていたように、将軍が休息所や寝
所に用いたところである。したがってその装飾も、大広間や黒
書院などと違って、落ち着いた意匠でまとめられている。部屋
の構造の点でも、上段と下段の境に襖をたてるなどの工夫が見
られる。

◀ Shiro-shoin: First Chamber, viewed from the Second Chamber.

Shiro-shoin: Second and Third Chambers, viewed from the First Chamber.

▲
白書院　一の間から見た二の間と三の間
白書院一の間、二の間、三の間の障壁画は、
いずれも淡彩の山水図で、細密な描写がみ
ごとである。ただ、主室である一の間の天
井にだけは美しい四季花卉図が描かれてい
て、華やかさをそえている。

白書院　四の間　西側壁貼付絵
竹梅ニ雀図
白書院の四の間には、雪中花鳥図が淡彩で
描かれている。右図は、雪の重みで頭をた
れる竹と、その枝の上でからだを丸くして
眠る雀を詩情豊かに表わしたもので、この
二羽の雀はねむり雀の名で有名である。

Shiro-shoin: Fourth Chamber; painting of sparrows in bamboo and
plum trees (detail).

Shiro-shoin: First Chamber; landscape painting (detail).

白書院　一の間　床壁貼付絵　山水図
白書院の障壁画はいずれも狩野興以の筆になるが、な
かでも一の間の山水図は、彼の生涯を代表する名作と
いわれている。深い雪にとざされた湖畔の風景を描い
たもので、空間の大きな広がりと大気の静けさが感じ
とられる。

Exterior of the main kitchen.

台所

総面積が七百平方メートルに近い、いかにも二條城にふさわしい
大きな台所である。内部の構造も力学的な美しさをもっている。

Exterior of the kitchen where the shogun's meals
were prepared.

御清所

御料理の間とも呼ばれたところで、公式の儀式の際の料理がここ
でまかなわれた。後方に見える台所と同じく妻飾りが美しい。

鳴子門
二條城ではもっとも小さな
建物の一つで、構造も簡素
である。城内建築というよ
りはむしろ庭園建築のよう
である。

The Naruko Gate.

土蔵門　番所
二の丸台所の横手にある米
蔵の門番所で、かつてはこ
の門が台所へ行く唯一の通
路であった。門番所は向か
って左の潜り戸をあけたと
ころにある。

Gate to the storehouse.

Inner Moat and gate to the Hommaru Palace.

本丸櫓門と内濠

櫓門の白壁が内濠の水面に映えて美しい。門前の橋はのちのもので、かつては
橋廊下と二階廊下があった。そのときの様子はいま以上に美しかったことであ
ろう。

本丸櫓門

本丸から二の丸への通路にあた
る門で、かつてはこの櫓門から
橋廊下、二階廊下を経て二の丸
御殿の渡廊下に入った。門の冠
木、柱、扉などすべてに銅板が
張られ、本丸入口にふさわしい
風格を示している。

Gate to the Hommaru Palace.

Foundation wall of the central castle tower.

天守台

天守台は本丸の西南隅に位置し、石垣の高さは水面より約十五メートルある。
この上にはかつて五層の天守閣が建てられ、京都の町中にひときわ高くそびえ
ていたが、1750年の雷火で焼け落ちてしまった。

西南隅櫓

二條城には本来四つの隅櫓があ
ったが、そのうちの二つは1788
年に焼け落ち、現在は東南と西
南の隅櫓が残るだけとなってい
る。西南隅櫓は東南のものより
一回り小さいが、内部構造はま
ったく同じである。

Southwest Corner Turret.

本丸御殿　西面（上）と南面（下）
もと京都御所内の旧桂宮本邸にあった御殿で、明治時代に離宮二條城の本丸御
殿として移築された。建物は1847年に建てられたもので、屋根の構成などは、
いかにも貴人の邸宅にふさわしい高雅なたたずまいを見せている。

The Hommaru Palace, west (upper) and south (below) views.

The Hommaru Palace: Central Chamber.

本丸御殿　御座の間

御座の間は、右ページの図の平屋部分に位置している。内部はふつうの書院形式に従い、正面右に床と書院、左に違棚が配されている。壁や襖には、狩野派による「松に鶴図」の大画面が展開されている。

本丸御殿　中書院　四季の間

中書院は対面所、四季の間、裏御居間の三つからなる。四季の間は田の字形の平面をもち、各室の襖絵の画題により春、夏、秋、冬と呼び分けられる。図は夏の間より春の間を見たところで、右に冬の間、奥に秋の間が見える。

The Hommaru Palace: Rooms of the Four Seasons.

West Gate.

西門（埋門）
多聞塀と石垣にはさまれたこの西門は、本丸にもっとも
近い門であるため、門内の防備も厳重である。この門を
使うときには、手前の橋台から木橋が架けられた。